Meine Kommunion

Datum: ____________________

Kirche: ____________________

Pfarrer: ____________________

Meine Paten: ____________________

____

Mein Spruch: ____________________

____

Printed by Amazon Italia Logistica S.r.l.
Torrazza Piemonte (TO), Italy

47643838R00060